Un Moment Parfait

A Purrrfect Time (French Translation)

Written by Sam Miller

The Purrrfect Time was written originally in English
and translated into the following languages:
Thai, Vietnamese, Tagalog, German, Spanish, Portuguese,
Mandarin, Bengali, French, Hindi.

Copyright © 2021 by Samuel Miller

All rights reserved. No part of this publication may be reproduced, stored in a retrieval system, or transmitted, in any form or by any means, electronic, mechanical, photocopying, recording, or otherwise, without the written prior permission of the publisher.

ISBN 978-1-7773038-1-5

Book design by Hiroki Nakaji

Printed and bound with IngramSpark

Armed Bandit Publishing

J'ai rencontré Sam quand j'étais seulement une chatonne.

Au début, sa vie était plus facile; il avait ses deux bras. Un jour, Sam a perdu un de ses bras dans un accident, mais il n'a pas perdu son sourire!

Cette histoire est un rappel sur l'importance de se concentrer sur ce qui te rend joyeux et de ne jamais abandonner l'espoir. Rejoignez-moi alors que je repense à certains moments de ma vie.

Je m'appelle Bob (la chatte) et je vais vous raconter cette histoire.

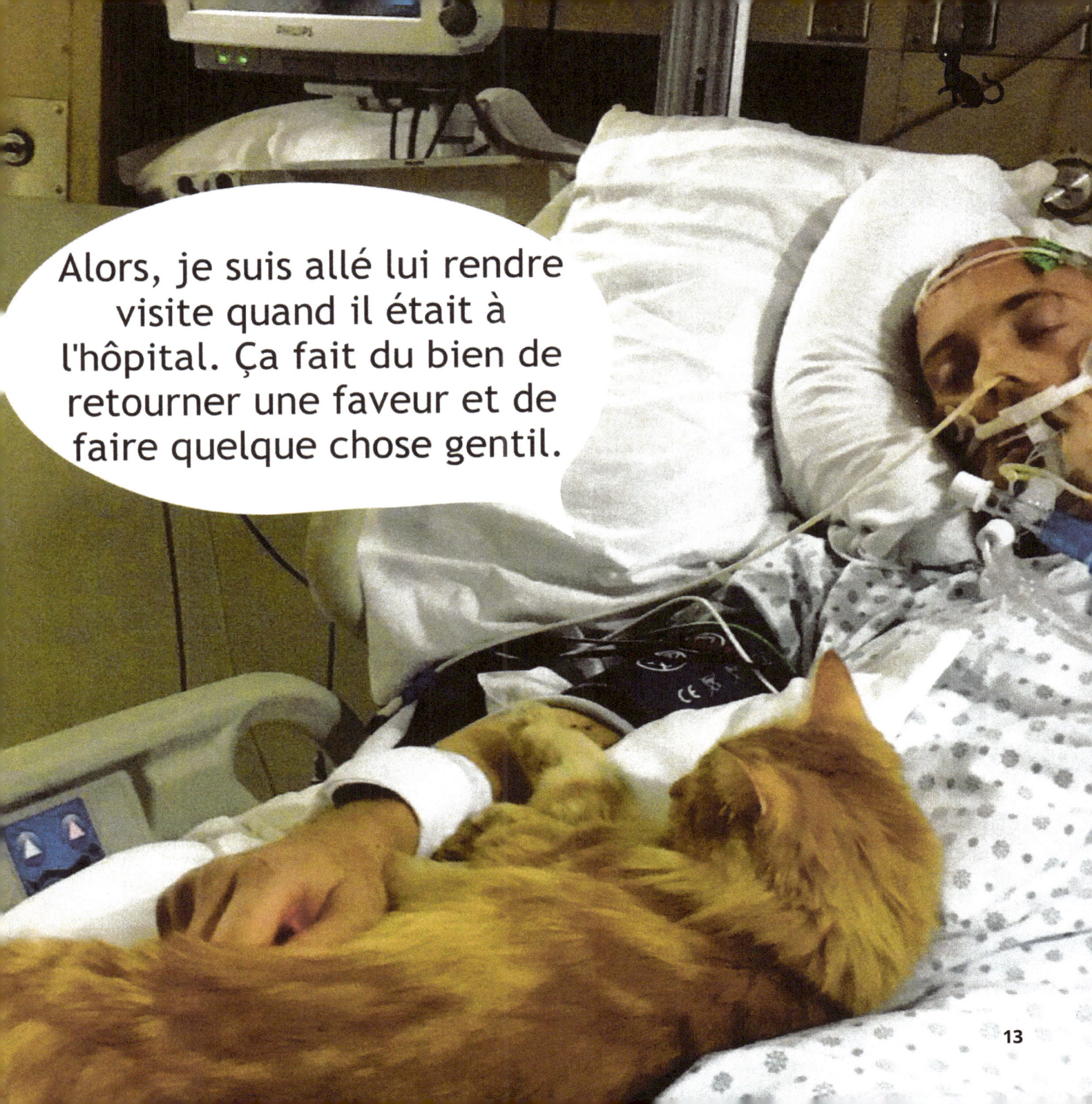

C'est mon endroit préféré pour m'étirer. Il y a normalement des mouches qui volent ici. J'adore chasser les mouches!

Sam était au téléphone l'autre jour et je l'ai entendu dire: "Parfois, quand je parle à quelqu'un, je n'écoute pas parce que je pense à ce que je vais dire.

Les gens veulent être entendus et savoir que vous écoutez. J'ai réalisé qu'il est très important de se concentrer sur ce qu'ils ont à vous dire, et ensuite ils seront intéressés par ce que vous avez à leur dire. Qui je suis est le reflet des gens avec qui je passe le plus de temps. Je me suis assuré de passer mon temps avec des personnes en qui j'ai confiance, que je respecte et dont j'apprécie la compagnie.

Quand les choses sont difficiles et que je commence à lutter ou à faire face à un défi, c'est là que j'apprends beaucoup, sur moi-même et mes amis. J'ai appris à accepter les difficultés et les échecs et à demander de l'aide quand j'en ai besoin."

Sam a raison! Je suppose que c'est pourquoi lui et moi sommes de si bons amis.

Avez-vous trouvé le chat sur chaque page d'image?

Sam: Ce livre a commencé comme un passe-temps pour moi. C'était une façon de me distraire des problèmes que j'avais dans ma vie. C'était la thérapie dont j'avais besoin. Cela m'a beaucoup appris sur moi-même, ainsi que sur les façons de faire face aux défis et aux situations difficiles. Pendant longtemps, j'ai cru savoir ce qu'était la vie et ce qui comptait le plus. J'avais tort, vraiment tort. En faisant face à de nouveaux défis et en les surmontant, j'ai commencé à réaliser ce qui était important pour moi.

J'ai alors pu prendre une décision éclairée sur ce qui me rendrait vraiment heureux. Il n'y a pas de honte à échouer et à essayer plusieurs fois. Ce sont presque toujours les personnes déterminées qui obtiennent ce qu'elles veulent dans la vie. Il faut rester fort!

www.ingramcontent.com/pod-product-compliance
Lightning Source LLC
Chambersburg PA
CBHW051301110526
44589CB00025B/2911